AF563619

ALAIN D'ALBRET

ET

LA SUCCESSION DE BRETAGNE

PAR M. CLÉMENT-SIMON,

AVOCAT GÉNÉRAL

SECRÉTAIRE GÉNÉRAL DU CONGRÈS SCIENTIFIQUE DE FRANCE

XXXIXe SESSION.

PAU,

IMPRIMERIE ET LITHOGRAPHIE Ve VIGNANCOUR.

1874.

ALAIN D'ALBRET

ET

LA SUCCESSION DE BRETAGNE

PAR M. CLÉMENT-SIMON,

AVOCAT GÉNÉRAL

SECRÉTAIRE GÉNÉRAL DU CONGRÈS SCIENTIFIQUE DE FRANCE

XXXIXe SESSION.

Extrait du compte-rendu des travaux du Congrès Scientifique de France (XXXIXe SESSION A PAU).

PAU,

IMPRIMERIE ET LITHOGRAPHIE Ve VIGNANCOUR.

1874.

ALAIN D'ALBRET

ET

LA SUCCESSION DE BRETAGNE.

L'histoire étudiée à ses sources intimes procure toujours un charme infini et souvent d'heureuses surprises. Malgré les œuvres admirables qui ont marqué la première moitié de ce siècle et illustré les noms des Sismondi, des Thierry, des Guizot, il reste beaucoup à glaner dans cet immense champ et bien des secrets du passé attendent encore d'être dévoilés. Ces recherches de détail, ce patient travail de révision sont l'apanage des modestes érudits de province qui bornent leur ambition à éclaircir une seule page de nos annales et ne reculent pas devant de longs jours à lui consacrer. Leur goût, disons leur passion, ne trouve pas partout un milieu favorable et languit faute d'aliments. Il n'en est pas ainsi dans cette ville, privilégiée à cet égard comme à beaucoup d'autres, près du riche trésor des rois de Navarre, si accessible aux travailleurs, si parfaitement ordonné et où l'étude est aussi facile que féconde.

Tout le monde connaît le gouvernement tourmenté d'Anne de France, pendant les premières années du règne de son frère Charles VIII, la lutte des princes contre cette femme de 20 ans très-digne de régner « si la nature ne lui eut refusé le sexe auquel est dévolu l'empire. » On sait qu'Alain sire d'Albret, y fut activement mêlé. La prise de Nantes en 1491 est un fait d'armes qui ne permet pas d'oublier le concours qu'il prêta au jeune roi de France après l'avoir longtemps combattu. On n'ignore pas non plus qu'il avait l'intention d'épouser Anne de Bretagne et que Charles VIII, par un coup de maître, l'évinça avec tous les autres prétendants. Sous cette simple trame assez sèchement reproduite par les historiens se cachent des détails qui méritent d'être mis en relief. La figure du sire d'Albret s'est trouvée un peu effacée par l'éclat de ses rivaux et son rôle dans la grande querelle de Bretagne n'a pas été, ce me semble, suffisamment déterminé. C'est ce point que je me suis plu à étudier aux sources originales et sur lequel j'apporte quelques informations nouvelles. Elles n'intéressent pas seulement l'histoire de cette famille d'Albret qui tenait déjà une si grande place dans le Midi mais elles touchent étroitement à la fondation de l'unité française.

Alain d'Albret est arrivé à la postérité avec le nom de Grand, sans qu'il y ait de bonnes raisons pour justifier cet honneur que la France n'a pas prodigué même à ses rois. Ses exploits militaires ne peuvent le mettre au rang des La Trémouille et des Bayard ; il fut magnifique par ses richesses mais son temps vit des princes plus opulents ; il ne fut grand que par son ambition, et encore, ce lustre, si c'en est un, ne lui revient-il pas tout entier.

Celui en effet qui rêva le premier l'élévation de la maison d'Albret et qui prépara ses hautes destinées, ce fut l'aïeul d'Alain, Charles II, le brave capitaine qui avait si vaillamment secondé Charles VII dans la délivrance de la Guienne. Alain était à peine âgé de 10 ans, que son grand père plaçait sur cette jeune tête les plus orgueilleuses espérances. Le sire d'Albret qui ne possédait d'autre terre titrée que la pauvre vicomté de Tartas ne désirait rien moins pour son petit-fils que la plus belle duché de France.

Depuis près de deux siècles les Montfort et les Penthièvre se disputaient cette grande terre de Bretagne. Montfort avait fait prévaloir par les armes le principe de la loi Salique, inconnu dans la vieille Armorique. Penthièvre avait pour lui le droit de la représentation, consacré par les coutumes bretonnes. D'ailleurs, la race de Montfort était menacée à son tour de tomber en quenouille et les titres des femmes allaient se trouver en présence. Entre des mains habiles et hardies, l'héritage de Penthièvre pouvait devenir la plus belle hoirie de France après celle du Roi. Charles d'Albret résolut de donner à sa famille la riche succession convoitée par plus d'un prince. Les circonstances se prêtaient à ce dessein. Sa fille Jeanne était femme d'Artus, ce brillant connétable de Richemont, à la veille de devenir duc de Bretagne. Le jeune Alain avait pour mère Catherine de Rohan et pour sœur utérine cette fameuse comtesse de Laval dont l'influence s'annonçait déjà. Il n'est pas jusqu'à ce nom d'Alain qui ne semblât une prédestination en rappelant les glorieux souvenirs des premiers ducs Bretons. Un prétendant à la duché qui appuierait des droits incontestables sur de tels avantages devait avoir toutes les chances pour les faire triompher.

Or, au temps où l'héritier des d'Albret était encore entre les mains des femmes, il y avait au fond du Limosin, dans un château ruiné par les Anglais, une enfant de 5 ans, qui apporterait en dot, à son époux, toutes ces espérances. Comtesse de Penthièvre et de Périgord, vicomtesse de Limoges, dame d'Avesnes et autres lieux, elle représentait les droits de la branche féminine sur le duché de Bretagne.

Elle s'appelait Françoise de Blois, mais ses aïeux avaient pris et gardé depuis plus d'un siècle le nom de Bretagne. Sa famille dix fois alliée aux rois de France avait toujours été protégée par les Valois.

Pour établir les droits de Françoise de Bretagne, il faut remonter un peu haut, jusqu'au duc Artus qui était mort en 1312. Malgré tout ce qu'aurait d'attachant ce coup d'œil rétrospectif sur l'antique querelle des héritiers d'Artus, nous traverserons rapidement cette sanglante période.

Artus s'était marié deux fois, d'abord avec la vicomtesse de Limoges, puis avec la comtesse de Montfort. Jean, fils aîné du 1er mariage, fut duc après son père. Gui, frère germain, eut pour apanage la comté de Penthièvre et la vicomté de Limoges. Le fils du second mariage, Jean de Montfort fut comte de Montfort.

Le duc Jean n'eut pas d'enfants, mais avant de mourir il choisit pour héritière sa nièce Jeanne, dite la boiteuse, fille unique de Gui. Il la maria avec Charles de Blois et désigna les deux époux pour ses successeurs au duché de Bretagne. Jeanne était d'ailleurs héritière selon le droit, car la représentation était admise dans les successions bretonnes. Cependant, à la mort du duc, Jean de Montfort s'empara du duché par les armes.

La guerre s'engagea entre Charles de Blois et le nouveau duc. Le roi de France soutint la cause de Jeanne de Penthièvre. Montfort, fut cité devant le Parlement et condamné (1341). Le duc de Normandie, fils de Philippe VI entra en Bretagne et Montfort fut fait prisonnier. Ce qui semblait devoir terminer la lutte la raviva. Jeanne de Flandres, femme de Montfort se mit à la tête de ses barons. Elle les commanda elle-même le casque en tête et l'épée à la main et combattit vaillamment sur terre et sur mer. Elle avait à ses côtés une autre héroïne, Jeanne de Belleville, veuve d'Olivier de Clisson, mère du connétable, qui vengeait contre Philippe de Valois la mort de son époux.

La fortune changea de camp. Montfort s'évada de sa prison puis mourut bientôt après (1345), mais sa veuve ne prit pas le temps de le pleurer. Elle fit alliance avec les Anglais et Charles de Blois fut fait prisonnier à son tour.

Jeanne de Penthièvre ne montra pas moins d'énergie que Jeanne de Flandres et ces deux femmes, combattirent pendant plusieurs années, celle-ci pour son mari mort, celle-là pour son époux captif. Le sang de Beaumanoir ne put faire triompher la cause des Penthièvre.

Charles de Blois sorti des prisons d'Angleterre, en laissant deux de ses enfants pour ôtages traita enfin avec les Montfort. Les deux branches se partageaient la Bretagne, mais l'altière Jeanne de Penthièvre refusa de ratifier le traité et le malheureux Charles alla trouver la mort à la bataille d'Auray. A ses côtés, Clisson perdit un œil et Du Guesclin la liberté (1364).

Le jeune fils de Jean de Montfort, Jean IV dit le Vaillant, devint pendant quelque temps paisible possesseur du duché, mais les prétentions des Penthièvre n'étaient qu'endormies.

L'un des deux fils de Charles de Blois était mort prisonnier en Angleterre. Le connétable de Clisson, en haine du duc, paya l'énorme rançon de l'autre, le maria avec sa fille (1388) et lui mit les armes à la main.

Jean de Blois ne fut pas plus heureux que son père. Après

s'être soumis au duc qui lui rendit la comté de Penthièvre, il mourut en 1404. Il laissait quatre fils : Olivier, Jehan, Charles et Guillaume.

Olivier l'aîné succéda à son père dans la comté de Penthièvre et la vicomté de Limoges. L'ambition de sa mère Marguerite de Clisson le poussa à reprendre la lutte contre le duc Jean Le Bon qui régnait après Jean Le Vaillant.

Les hostilités recommencèrent. Des traités furent conclus puis abandonnés. Olivier fut dépouillé de la comté de Penthièvre ce qui augmenta son ressentiment. Le dauphin qui fut depuis Charles VII, sympathique aux Penthièvre, poussa Marguerite et son fils à un coup hardi. Il leur offrit son appui pour s'emparer de la personne du duc.

Des trois frères d'Olivier, un seul, Charles seigneur d'Avaugour le secondait activement. Jean, seigneur de l'Aigle, aimait mieux guerroyer contre les Anglais que de poursuivre cet héritage qui avait coûté déjà tant de sang. Guillaume était encore enfant. A l'aide d'une indigne supercherie Olivier et Charles saisirent le duc et son frère Richard et les enfermèrent dans la tour de Châteauceau (12 Fév. 1420). Cet évènement causa une grande émotion en Bretagne. Pendant que le dauphin recommandait, par lettres patentes, aux deux frères de bien garder leurs prisonniers[1], les sujets du duc prenaient les armes avec enthousiasme et sous la conduite de la duchesse Jeanne de France assiégeaient le château de Clisson où les captifs avaient été transférés. Le château fut pris et rasé, Olivier et Charles pour ne pas perdre à leur tour la liberté, durent s'engager par serment vis-à-vis du duc à devenir ses fidèles sujets et à lui faire réparation devant les Etats de Bretagne. Pour garantie de leur promesse, ils délivrèrent comme ôtage leur jeune frère Guillaume qu'ils firent venir d'Angers où il suivait les écoles.

Les Penthièvre pouvaient bien être vaincus mais plutôt que de se soumettre et de renoncer à leurs droits sur la Bretagne, ils manquèrent à leur parole et laissèrent leur frère en prison. Les Etats les jugèrent par défaut, confisquèrent leurs biens et déclarèrent eux et leur postérité incapables de succéder dans la duché.

1. Voir les pièces justificatives.

Olivier et Charles voulurent résister, mais ils succombèrent presque partout. Olivier mourut sans enfants (28 septembre 1433). Charles ne laissa qu'une fille.

Jean, seigneur de l'Aigle, devint ainsi l'aîné. De tous les biens des Penthièvre et des Clisson, il ne put succéder qu'à la vicomté de Limoges. Beaucoup moins compromis que ses frères avec les Montfort, il essaya de rentrer en grâce auprès de Jean le Bon et de recouvrer la comté de Penthièvre. Ses ouvertures furent rejetées. Pour les reproduire il attendit patiemment le règne d'un duc moins irrité. Dans l'intervalle, il acquit du duc d'Orléans la comté de Périgord moyennant 16,000 royaux d'or. C'était un sage et vaillant homme. Charles VII lui devait une grande reconnaissance dont il ne s'acquitta guère. On sait qu'il ne péchait pas par là.

Jean de Blois n'avait pas d'enfants. Son frère Charles n'avait laissé qu'une fille mariée à Jean de Brosse. Guillaume toujours captif restait seul pour perpétuer la race de Penthièvre. Son aîné désirait ardemment le délivrer.

De leur côté, les Montfort étaient privés de fils et n'étaient peut-être pas fâchés de s'assurer un héritier mâle pour la duché.

François de Montfort avait succédé à Jean le Bon, son père. Il consentit à se réconcilier avec Jean de Blois. Le connétable de Richemont se chargea de la médiation.

En 1448, intervint le traité de Nantes. Le duc de Bretagne rendit tous leurs biens aux Penthièvre et à Guillaume la liberté. Il y eut même un traité secret par lequel le duc, ses oncles et ses cousins déclarèrent que s'ils venaient à décéder sans enfants mâles, la duché de Bretagne reviendrait aux héritiers ou héritières de Jean de Blois au préjudice des filles de la maison de Montfort [1].

Guillaume était resté 28 ans dans les prisons du duc. Il y était devenu aveugle et infirme. L'espoir d'un héritier reposait sur ce précoce vieillard. Il fallait se hâter de lui trouver une femme. Dans ce but, le comte Jehan promit de le doter richement et de lui laisser tous ses biens.

Le 16 mai 1450 au château de Ségur fut passé le contrat de mariage entre Guillaume et Isabeau de La Tour, fille de

1. *Archives des Basses-Pyrénées*. E. 656.

Bertrand comte de Boulogne et d'Auvergne. Par cet acte, le comte Jehan donnait à son frère diverses seigneuries en Normandie et en Anjou du revenu de 4000 livres et au cas de son décès sans enfants il l'établissait son héritier principal de ses noms et armes et de ses comtés et vicomté de Penthièvre, de Périgord et de Limoges [1].

Jehan ne tarda pas à mourir. Après avoir pacifié la Guyenne et contribué à la prise de Bordeaux, il finit sa vie noblement remplie en novembre 1452. Guillaume devait succéder à tous les biens de son frère, mais sa triste destinée n'en devint pas meilleure.

Marguerite de Chauvigny, la veuve du comte Jehan avait droit pour son douaire au château de Ségur et à la meilleure part de la vicomté de Limoges. Dès qu'elle fut maîtresse à Ségur elle en chassa Guillaume et sa famille et celui-ci fut réduit à demander à un de ses vassaux asile pour sa femme enceinte et ses deux petits enfants. Le sieur des Cars, lui prêta une chétive maison sise dans la basse-cour du château et qu'on appelait la Penchenarie. C'est là qu'il vécut plus que modestement pendant 18 ou 20 mois sans pouvoir prendre possession de l'héritage de son frère qui lui fut immédiatement disputé. Il mourut le 3 septembre 1454 [2].

Guillaume laissait sous la tutelle de leur mère trois filles dont la plus âgée n'avait pas atteint sa quatrième année. C'était Françoise de Bretagne. Son père l'avait instituée héritière universelle avec substitution aux cas accoutumés en faveur de Jehanne et de Charlotte ses sœurs. A toutes les trois il avait nommé pour tuteurs les plus grands seigneurs du Limosin : Jehan, vicomte de Comborn, Jean de Pierre-Buffière, Gautier de Pérusse des Cars, Bernard de Bonneval et Bertrand de Lur.

Voilà l'héritière que Charles d'Albret avait résolu de marier à son petit-fils Alain. L'entreprise n'était pas sans hardiesse. Ni pour la naissance ni pour les biens, les d'Albret n'allaient de pair avec les Penthièvre. Ils étaient nombreux, leur fortune n'était pas encore ce qu'elle devint plus tard, « ils avaient grand peine à tenir leur train. » L'aîné des fils de Charles II, le père d'Alain ne jouissait pour tout apanage que de la vicomté

1. *Archives des Basses-Pyrénées*, E. 80, 656.
2. *Ibid.* E. 645, 648.

de Tartas. Alain ne devait avoir pour dot que la petite seigneurie de Rions qui ne valait pas 500 livres de revenu[1]. Mais l'héritage de la jeune Françoise qui pouvait être immense n'était guère certain. Presque tous ses biens étaient en litige. Il y avait là une grande partie à jouer mais l'enjeu était digne même d'un roi.

A ces vues d'ambitions que certaines circonstances favorisaient, nous l'avons dit, bien des obstacles venaient s'opposer. L'âge de l'enfant rendait fort aléatoires les calculs basés sur son avenir, mais comme il y avait trois filles, il était possible de parer aux éventualités. Il fallait gagner l'assentiment de la mère, des tuteurs, des « beaux oncles » de Bretagne et même du roi de France qui était proche parent. Des dispenses du pape étaient nécessaires, mais ce n'était là qu'une formalité.

Le roi était bien disposé en faveur de Charles d'Albret qui venait de rendre des services importants à la couronne. Les parents de Bretagne étaient menés par le comte de Richemont qui les dominait par son énergie et sa bonne renommée. Les tuteurs étaient les amis du sire d'Albret qui possédait en Limousin l'héritage des Sully, (les terres de Châlus, Châlusset, Courbefy, etc.) Quant à la mère, les d'Albret organisèrent autour d'elle une savante séduction. Ils visitèrent plus souvent leurs terres du Limosin, et témoignèrent d'un grand dévouement aux intérêts de la vicomtesse dont ils relevaient comme vassaux.

Dès l'année qui suivit la mort de Guillaume elle était déjà leur obligée. Jean d'Albret lui avait prêté 1,000 écus d'or pour dégager sa terre d'Avesnes au pays de Hainaut (25 juin 1456)[2]. Bientôt, on proposa à cette veuve, dont le mariage avait eu peu de joies, un nouvel époux, jeune, vaillant et dont la vie était pleine d'heureux auspices. C'était précisément un frère de Jean d'Albret, un oncle d'Alain, Arnaud Amanieu à qui son père venait de donner la terre d'Orval et d'autres seigneuries en Berri. Le roi de France, pour le récompenser de ses hauts faits contre les Anglais lui avait de son côté fait don de la terre de Lesparre. En même temps on demandait la main de Françoise pour le jeune Alain. Isabeau de La Tour consentit à cette double union.

1. *Archives des Basses-Pyrénées*, E. 69.
2. *Ibid.* E. 69.

Charles II comprenait que ce mariage ouvrait à sa maison une voie nouvelle. Son petit fils pouvait devenir un des plus grands feudataires du royaume. Il allait réunir à la sirerie d'Albret les comtés de Périgord et de Penthièvre, la vicomté de Limoges, la seigneurie d'Avesnes et si la chance était favorable la duché de Bretagne. Ni Bourbon, ni Bourgogne ne seraient à sa taille.

L'avenir ainsi entrevu ne pouvait plus être livré au hasard. Aussi Charles II fit-il avec ses enfants des arrangements solennels. Il apportionna les cadets de sorte que son fils aîné, le vicomte de Tartas et par suite Alain fussent appelés à recueillir tout le surplus de ses biens. En outre, il régla ce qu'on appelait alors les *constitutions* de la maison, acte solennel par lequel avec le consentement de tous les enfants on excluait les filles de l'héritage immobilier en les réduisant à une minime part en argent. C'était la coutume chez les seigneurs qui voulaient ménager l'agrandissement de leur famille, les divers actes furent passés à Châlus, en Limosin, vieille forteresse devant laquelle Richard Cœur de Lion avait trouvé la mort. (Actes des 7, 10, 17 nov. 1456.) [1]

La noble compagnie se transporta ensuite à Ségur. Charles et ses trois fils, Jean, Amanieu et Charles, trouvèrent là Isabeau avec son frère le comte de Montgascon, les tuteurs de ses filles et les officiers de la vicomté. Alain qu'on allait marier, n'avait que 10 ans [2] et sa présence était inutile. Françoise sa future avait à peine 5 ans.

Le contrat de mariage de ces deux enfants fut passé avec toutes les solennités requises, le 24 du même mois de novembre, de l'avis et délibération, est-il dit, du comte et de la comtesse d'Auvergne, grand-père et grand-mère de Françoise, et de ses tuteurs, parents, amis et sujets. De leur côté, tous les d'Albret y donnèrent leur approbation. Disons vite que ces conventions étaient faites pour être exécutées *tempore nubendi* [3].

Alain était établi héritier universel de son grand-père et de

1. *Archives des Basses-Pyrénées*, E. 69.

2. Dans une pièce de procès, rapportée dans les *Archives Historiques de la Gironde*, T. 10, il est énoncé qu'au 16 janvier 1476 (V. S.) Alain n'avait pas encore 30 ans.

3. *Archives des Basses-Pyrénées*, E. 69.

son père. Ceux-ci se réservaient cependant de l'apportionner en lui attribuant 20,000 livres de rentes en terres d'un seul tenant, vicomtés, baronnies ou seigneuries en deça de la Garonne. Pour le moment on lui donnait la seigneurie de Rions dont il serait intitulé pour soutenir son état.

Françoise se constituait tous ses biens. Son douaire en cas de viduité était réglé, et les futurs promettaient de respecter les franchises et libertés des gens d'église, nobles et roturiers de la vicomté de Limoges, sans souffrir aucune nouvelleté. La vicomté de Limoges était déclarée indivisible.

Il était dit que les sœurs cadettes seraient mariées par les soins des époux et que chacune aurait en dot pour son entière part 15,000 écus d'or.

Le lendemain 25 novembre, en présence des mêmes témoins était passé le contrat de mariage d'Isabeau de La Tour avec Amanieu d'Albret[1].

En même temps, il était arrêté entre toutes parties que si Françoise venait à décéder avant que le mariage fut consommé, Alain épouserait la sœur cadette Jehanne, et si celle-ci mourait à son tour avant mariage, la troisième sœur Charlotte.

Dès le lendemain, les tuteurs déclaraient approuver cette dernière convention, et s'engageaient par la foi et serment de leur corps à l'entretenir de tout leur pouvoir[2].

Le but de Charles d'Albret était donc atteint. Le mariage n'était pas définitif, et ce siècle en vit rompre de plus avancés, mais toutes les précautions avaient été prises et l'héritage des Penthièvre ne pouvait guère échapper aux d'Albret. Le seigneur d'Orval et Isabeau de La Tour avaient tout intérêt à ce qu'il ne sortit pas de la famille désormais commune.

Le roi de France consulté ne refusa pas son autorisation, et le comte de Richemont délivra des lettres patentes pour se déclarer joyeux dudit mariage « pour ce que c'est le bien d'une part et d'autre.[3] »

Le pape de son côté envoya deux fois des dispenses[4].

Dès ce moment, on donna au jeune Alain les titres de

1. *Archives des Basses-Pyrénées*, E. 69
2. *Ibid.* E. 69.
3. *Ibid.* E. 648.
4. *Ibid.* E. 71.

seigneur de Rions et de comte de Penthièvre. Il serait difficile et d'ailleurs peu intéressant de le suivre dans les années de la jeunesse. Il faut sauter jusqu'à l'époque où il entra réellement dans la vie.

Les Bénédictins (*Art de vérifier les dates*) disent que le mariage ne fut consommé qu'en 1470, mais c'est une erreur évidente. Alain n'attendit pas que sa fiancée eut atteint l'âge de 19 ans pour en faire sa femme. Les mœurs du siècle ne comportaient pas de tels retards. Plusieurs actes des archives des Basses-Pyrénées établissent que dès 1466 il était l'époux de Françoise de Bretagne. C'était désormais un grand seigneur. Il chevauchait toujours accompagné de 50 à 60 gentilshommes et sa femme avait une cour de 25 à 30 dames [1].

Nous avons dit que les biens de la jeune comtesse lui étaient presque tous disputés. Dans la plupart des grandes familles il en était de même. La transmission de la propriété féodale n'avait guère lieu sans constestation soit juridique soit à main armée. La liberté testamentaire, les substitutions, les retraits, les droits régaliens, étaient autant d'entraves à la régularité des mutations immobilières. L'important était d'avoir la saisine, la possession actuelle, car comme les procès duraient quelquefois plus d'un siècle, la décision était subordonnée à de nombreuses éventualités.

Avec nos idées modernes, une immense fortune ainsi ébranlée par une foule de procès nous semblerait peu enviable. Il faudrait un volume pour exposer sommairement tous ceux dont Alain d'Albret supporta la charge. Je ne parle pas, bien entendu, des litiges qui n'engageaient pas la question de propriété: recouvrement des revenus contre les vassaux, réformation et entretien des droits du domaine seigneurial, etc.; ceux-là ne pourraient se compter. Un mot seulement de ceux que lui apportait son mariage.

La comté de Penthièvre avait été léguée à Guillaume de Bretagne, mais Nicole, femme de Jean de Brosse, nièce de Guillaume s'en était emparée après le décès du comte Jehan et la conserva depuis. Dès 1460 elle en rendit hommage au duc de Bretagne.

1. *Arch. des Basses-Pyrénées*, E. 669.

Alain porta toute sa vie le titre de la comté de Penthièvre, mais ne put en avoir autre chose. Le procès durait encore après la mort de Françoise, et autant qu'on peut juger de si loin une question de jurisprudence féodale, il semble que le droit était du côté de la fille de Guillaume. Alain soumit plusieurs fois ces prétentions au duc de Bretagne et demanda à être reçu à rendre l'hommage, mais il n'obtint pas satisfaction.

Si Françoise réclamait contre sa cousine Nicole, la comté de Penthièvre, celle-ci plaidait à son tour pour obtenir la comté de Périgord, la vicomté de Limoges, les meubles du comte Jehan ou tout au moins une partie de tous les biens de son oncle. Elle soutenait que comme fille de Charles seigneur d'Avangour elle était héritière de droit, plutôt que les filles de Guillaume, puîné de son frère Charles.

Les consuls de Limoges prétendaient de leur côté à la justice et aux droits seigneuriaux de la ville. Le procès était pendant depuis deux siècles.

Le Périgord était réclamé par le comte d'Angoulême, et 30 ans après la mort de Guillaume, le Parlement de Paris rendait dans la cause des arrêts interlocutoires.

La terre d'Avesnes était saisie par le duc de Bourgogne pour les dettes dont elle était grevée.

Tout l'héritage de Françoise de Bretagne était donc en plaid. Il lui resta en définitive la comté de Périgord, la vicomté de Limoges et la terre d'Avesnes.

Alain était jeune encore lorsque Louis XI monta sur le trône. Son père et son aïeul vivaient. Ils se liguèrent avec les autres princes dans la guerre du bien public mais n'y prirent pas un rôle actif. Dès 1468, Alain était sans doute réconcilié avec le Roi, car il signait au traité d'Ancenis conclu avec le duc de Bretagne.

Ce n'est que vers 1471, après la mort de son père et de son grand père qu'Alain entra véritablement sur la scène politique.

On connait les traits généraux de la lutte de Louis XI avec le duc de Bretagne. Louis haïssait son beau cousin comme il savait haïr. La duché avait de tout temps favorisé les entreprises contre la paix du royaume. Depuis Chramme, fils de Clotaire, tous les princes rebelles y avaient trouvé refuge et secours. Ces funestes traditions n'avaient été abandonnées qu'une seule fois: le nouveau roi ne pouvait l'oublier. Alors qu'il n'était que dauphin, le duc avait formellement refusé de seconder sa révolte. Ce vassal si puissant par ses propres forces et par celles de l'Angleterre qui ne lui manquaient jamais, quand il n'était pas un dangereux ennemi était un rival insupportable. Il ne prêtait son hommage que debout et ceint de son épée, sans promesse ni serment. Il s'intitulait duc par la grâce de Dieu et frappait de la monnaie d'or. Il avait refusé le collier de St-Michel pour ne pas être obligé de jurer fidélité à son suzerain.

Afin de l'effrayer, Louis XI prétendait avoir des droits à la propriété de la Bretagne. Pour en justifier, il fallait remonter jusqu'à Hugues Capet et même jusqu'à Clovis, mais au XVe siècle, une telle revendication, si elle s'appuyait sur la force, trouvait des légistes pour la consacrer. Les usurpations violentes qui s'abritent sous le manteau d'un droit prescrit par la suite des temps, ne sont pas hélas, l'apanage exclusif de l'époque féodale.

Aussi, entre ces deux adversaires, il n'y eut jamais que des trêves passagères, rompues par l'un ou par l'autre, avec une insigne déloyauté, suivant l'espoir du moment.

Après le traité d'Ancenis, nouvelles hostilités, puis réconciliation. Le traité d'Angers intervient, il est rompu comme le précédent. En 1475, nouvelle convention qui semble clôre la dispute. Louis renonce à toutes ses prétentions sur la Bretagne. Mais il reprend presqu'aussitôt les armes, et la lutte ne s'arrête qu'en 1477. Dix-huit mois s'écoulent, et pour mieux faire comprendre à son ennemi quel est le terme qu'il entend mettre à leur querelle, Louis achète à Nicole de Bretagne tous les droits qu'elle possède sur le duché. (3 Janvier 1479.) L'acte est curieux à lire. Le roi y déclare que les Montfort sont des usurpateurs que la seule et légitime héritière est Nicole et lui acquiert ses droits moyennant 50,000 livres et la promesse de la comté de Penthièvre [1].

Pendant ce temps Alain attendait les évènements. Si le roi de France voulait être duc de Bretagne, le sire d'Albret ne pouvait lutter avec lui ni de force ni de ruse, surtout quand

1. *Arch. des Basses-Pyrénées*, E. 668.

ce roi s'appelait Louis XI. Aussi préféra-t-il rester son ami et tirer profit de sa bienveillance. L'échafaud de son oncle Ste-Bazeille, de Nemours et de St-Pol était prêt à se dresser de nouveau pour un vassal rebelle. Implacable pour ses adversaires, Louis récompensait généreusement les services. La puissance de l'argent fut un de ses moyens de gouvernement. Il était pour lui même sordidement avare, il portait des vêtements honteux pour un roi, mais jamais prince magnifique ne distribua plus facilement les pensions et les seigneuries. Alain y gagna le comté d'Armagnac, les biens de son oncle mort décapité et la charge de lieutenant-général. La vente faite par Nicole ne pouvait qu'améliorer ses affaires de Bretagne. Elle brouillait celle-ci avec le duc et Alain reprenait l'espoir de rentrer au moins dans la comté de Penthièvre.

Lorsque Louis XI mourut, Alain figurait déjà parmi les grands feudataires et il fut choisi avec les autres princes pour faire partie du conseil du jeune roi Charles VIII.

Dans cet intervalle sa situation avait changé. Françoise de Bretagne était morte en 1480, laissant son mari usufruitier de tous ses biens [1]. Il n'avait que 34 ans, et les longs veuvages n'étaient pas de mode chez les seigneurs de ce temps. Un horizon nouveau s'ouvrait à cette ambition jusqu'ici mal servie par les circonstances.

Le duc François avait été effrayé par l'acte de 1479. Le roi, cessionnaire des droits de Nicole, le menaçait d'une dépossession prochaine, mais empêcherait certainement ses filles de régner. Deux filles en effet lui étaient venues : Anne et Isabel. L'aînée avait deux ans à peine. Elles étaient en nourrice qu'il songeait à les marier pour trouver dans ses gendres des défenseurs naturels. Les prétendants ne manquèrent pas.

Le dernier des Lancastre alors sequestré en Bretagne, et qui fut plus tard Henri VII, demandait déjà la main de l'aînée, mais le roi d'Angleterre, Edouard IV, offrait de son côté son fils le Prince de Galles. Le choix ne pouvait être douteux. Anne, âgée de quatre ans, fut promise au prince qui avait onze ans. Mais le roi mourut en 1483, et le duc de Glocester se chargea d'empêcher le mariage de l'aîné des enfants d'Edouard.

1. Son testament est aux Archives des Basses-Pyrénées, E. 83.

Charles VIII était monté sur le trône ou plutôt Anne de Beaujeu, le vrai fils de Louis XI, son héritier politique. Malgré son sexe et son âge (elle n'avait que 22 ans) son père l'avait jugée plus capable de soutenir la couronne que tous les autres princes du sang. Il ne s'était pas trompé.

Anne voulut d'abord réintégrer dans le domaine royal tous les biens aliénés par son père et son aieul. Alain possédait par ce moyen la comté de Gaure. Elle lui fut réclamée et il dut se mettre en armes pour la conserver. Cela l'éloigna de la régente. Il se retira dans le midi et on ne voit pas qu'il ait assisté une seule fois au conseil de Charles VIII. Pendant les années 1484 et 1485 il s'occupa du mariage de son fils avec Catherine de Navarre. Ce projet fut secondé par Anne de Beaujeu. Elle poussa Madeleine de France à préférer l'héritier d'Albret à ses concurrents. L'intérêt du royaume exigeait que la Navarre restât française. En attendant l'issue de cette importante négociation, Alain guerroyait avec succès contre le vicomte de Narbonne et défendait les états de sa future belle-fille.

Le sire d'Albret n'avait désiré qu'un duché pour son héritier et il trouvait un royaume. Il semble que son ambition dût être satisfaite. Elle fut au contraire surexcitée.

Du côté de Bretagne étaient venues des propositions qui semblaient rapprocher enfin le but rêvé par Charles d'Albret.

François II était toujours préoccupé du sort de son duché, et par la conduite la plus imprudente le compromettait chaque jour davantage. Autour de lui, il ne voyait que des compétiteurs à son héritage, et à la main de sa fille aînée. Il eut voulu choisir le plus puissant, celui qui saurait le mieux le défendre contre les convoitises du roi de France, mais comment lire dans l'avenir! Dans ses perplexités, il donnait à tous les mêmes espérances pour ne pas perdre leur appui. Il n'était pas fâché, suivant le mot d'un vieil annaliste, de faire d'une fille cinq ou six gendres. Chacun des prétendants avait son parti en Bretagne.

C'était d'abord Jean de Châlons, prince d'Orange, qui tenait ses droits de sa mère, sœur du duc. Il céda bientôt à son oncle Maximilien d'Autriche, ses prétentions à la main de l'héritière.

Jean II, vicomte de Rohan, réclamait pour ses fils au nom

de leur mère, la princesse Marie, fille du duc François Ier. La tante devait-elle, dans le droit, être préférée à la nièce? C'était toujours la question de représentation. En outre, les Rohan passaient pour descendre de Conan Meriadec, premier roi des Bretons. Rohan proposait ses deux fils pour les deux filles du duc. Il était soutenu par le maréchal de Rieux.

Alain, de son côté, se fondait sur le traité secret de Nantes, et invoquait les droits des Penthièvre, au préjudice de Nicole, parce que celle-ci avait été déshéritée par le comte Jehan et que son père avait été frappé des peines de la forfaiture par les États de Bretagne. Lui aussi demandait la jeune Anne. Elle avait alors (1484) environ 7 ans. Alain touchait à la quarantaine. Dans les mœurs féodales cette disproportion ne constituait pas un sérieux obstacle. En outre, le sire d'Albret, loin d'être séduisant de sa personne, était fait pour repousser plutôt que pour attirer la sympathie. Il avait le visage bourgeonné, dit Garnier, la voix rauque, l'humeur querelleuse et chagrine, et Jaligny ajoute que la fille n'avait cure de cette face couperosée. Le portrait a été fait en latin : *Homo grossus, aspectu ferox, rusticanus in persona.*

Mais là encore, selon nous, n'était pas la difficulté. Anne n'était pas d'âge à sentir les inclinations de son cœur, et d'ailleurs, l'amour, n'avait que faire dans le mariage de l'héritière de Bretagne. Il s'agissait de prendre un époux qui put sauver la duché. Sa répulsion pour Alain est une fable tout comme son amour pour le duc d'Orléans.

La vérité est que le mariage avec Alain pouvait être avantageux dans le présent, mais n'assurait pas l'avenir. Il ne terminait pas la grande querelle entre les Penthièvre et les Montfort, au contraire, il pouvait la rendre plus ardente. Alain n'avait personnellement aucun titre sur la Bretagne. Françoise de Bretagne ne pouvait être représentée que par ses enfants, et pour confondre les droits des deux branches c'est avec Jean d'Albret que le mariage aurait dû avoir lieu.

Mais Alain était devenu puissant. Sa fortune avait encore grandi. Du chef de sa mère, il possédait des terres considérables en Bretagne, il était seigneur du Périgord, du Limosin, de l'Albret, d'une partie du Condomois et de l'Agenais. Tous ces pays lui fournissaient des soldats. La Navarre ajoutait à son influence. Le roi lui avait donné le commandement d'une compagnie de cent lances garnies dont il pouvait disposer même contre le roi. Enfin la comtesse de Laval, sa sœur, gouvernante des filles du duc et très influente dans la noblesse bretonne, lui était toute dévouée.

A tous ces compétiteurs vinrent bientôt s'ajouter le duc d'Orléans et Maximilien d'Autriche.

La mort de Louis XI avait débarrassé les princes du sang de la vigoureuse contrainte sous laquelle ils étaient étouffés. D'abord, ils parurent vouloir se contenter des quelques faveurs que leur distribua la régente, puis ils provoquèrent la convocation des états généraux dans l'espoir d'arriver par eux à déplacer le pouvoir. N'ayant pas réussi, la dissension ne tarda pas à éclater. Le duc d'Orléans se rendit en Bretagne, revint pour assister au sacre du jeune roi, essaya d'intéresser le parlement à sa cause, puis s'échappa de nouveau au moment où il allait être fait prisonnier par ordre d'Anne de Beaujeu.

Les deux partis se préparaient à la lutte. Anne de Beaujeu faisait alliance avec le duc de Lorraine et les villes de Flandres, et le petit roi signait avec le maréchal de Rieux et trois autres barons bretons une convention par laquelle ils s'engageaient à le reconnaître comme héritier du duc à l'exclusion de ses deux filles (22 octobre 1484).

De l'autre part, le comte de Dunois, au nom du duc d'Orléans, traitait avec le duc François « pour délivrer le roi de ceux qui le tenaient prisonnier. »

Mais Anne de Beaujeu avait si bien pris ses précautions qu'elle désirait l'attaque au lieu de la redouter. Le rusé Dunois le comprit, et conseilla à son cousin d'ajourner les hostilités. Après une réconciliation apparente, le duc d'Orléans rompit définitivement. Une coalition dangereuse s'organisa contre la couronne de France. Presque tous les princes français se déclarèrent pour le duc d'Orléans. Alain entra dans la ligue et promit de conduire 8,000 hommes. Maximilien d'Autriche et Richard d'Angleterre se montrèrent disposés à en faire partie. Heureusement pour le roi, Maximilien fut occupé en Allemagne et Richard III périt à la bataille de Bosworth. Le duc de Bretagne, de son côté, avait assez affaire de défendre son ministre Landais contre ses barons révoltés.

Les princes commencèrent la guerre sans ces puissants alliés. Alain se mit en route avec ses 8,000 hommes. Il se transporta à Moulins vers le connétable de Bourbon, et fit venir sa compagnie de cent hommes d'armes commandée par Raymond de Cardaillac [1]. Le comte d'Angoulême se mit aussi en marche avec ses troupes pour aller rejoindre le duc d'Orléans. Celui-ci au lieu de s'avancer pour former avec ses alliés une armée compacte, se fortifia dans Beaugenci, contre l'avis de Dunois. Anne de Beaujeu comprit le défaut de cette manœuvre et envoya immédiatement assiéger Beaugenci. Charles VIII s'y transporta en personne, suivi du maréchal de Gié, du sire de Graville, et de La Tremouille qui commandait les troupes royales. Le duc d'Orléans, réduit à ses propres forces, fut obligé de capituler. Il s'engagea à demeurer désormais près de la personne du roi, Dunois fut exilé à Asti, en Lombardie. Aussitôt après ce succès, le roi et son armée se portèrent rapidement au devant des autres confédérés qui avaient quitté le Bourbonnais et étaient entrés dans le Berri. Une bataille fut sur le point d'être livrée, mais les princes ayant appris la défaite du duc d'Orléans se résignèrent à faire leur soumission. Alain se présenta au roi, fit sa paix et fut autorisé à se retirer dans ses terres de Gascogne.

La lutte ne tarda pas à recommencer en Bretagne. Une nouvelle ligue fut conclue. Jean de Châlons, le maréchal de Rieux, la comtesse de Laval, Dunois qui s'était échappé d'Asti, le comte d'Angoulême s'allièrent avec le duc. La prétendue cause de la ligue était la défense des personnes et biens des deux filles de François II, « les dames Anne et Isabel » (oct.-nov. 1485).

Alain envoya son assentiment et rassembla en Navarre, en Gascogne et même en Espagne grand nombre de gens de pied et de cheval et se dirigea vers la Bretagne. Il arriva ainsi à Casteljaloux, dans sa terre d'Albret. Là il établit ses troupes, et se fortifia par crainte d'une surprise.

Charles VIII était alors à Bordeaux afin de réprimer les mouvements de Guienne. Il manda immédiatement le sire d'Albret pour lui reprocher son manque de parole, mais celui-ci leva le camp, passa avec son armée la Garonne, la Dordogne et l'Isle et se rendit promptement en Périgord. Il s'arrêta à Nontron. Cette petite ville lui appartenait, c'était le chef-lieu

1. *Arch. des Basses-Pyrénées*, E. 87. Voir les pièces justificatives.

d'une baronnie dépendante de la vicomté de Limoges. Le roi, irrité envoya des troupes contre lui. Le seigneur de Candale, secondé par les seigneurs du pays, posa le siège devant Nontron. Alain se rendit et passa un traité. Il s'obligeait, sous serment, à se départir de ses alliances, à servir désormais le roi avec loyauté et à se rendre vers lui toutes les fois qu'il serait mandé.

En Bretagne, les hostilités avaient aussi abouti à un traité, mais de part ou d'autre ces conventions n'avaient aucune sincérité. La lutte était si peu terminée que Charles VIII venait de faire confirmer en sa faveur, par Nicole de Bretagne, la cession faite à Louis XI. (1485.)

François II, quoiqu'à peine âgé de 50 ans, avait déjà toutes les infirmités de la vieillesse. Cette année là, il fut très-malade et le bruit courut qu'il ne se relèverait pas. La régente s'apprêtait à prendre possession de la Bretagne. Elle se hâta d'emmener le roi à Tours et de mettre des troupes en mouvement. Le duc guérit, et sous le coup de ces menaces ne perdit pas un moment pour former une nouvelle ligue; celle-ci semblait plus formidable encore que les précédentes. Le duc d'Orléans fut le premier à y entrer (15 déc. 1486), puis le prince d'Orange, les comtes de Dunois, d'Angoulême et de Comminges, le maréchal de Rieux, la comtesse de Laval et bien d'autres encore, enfin, Maximilien d'Autriche qui venait d'être nommé roi des Romains.

La vigilance d'Anne de Beaujeu n'était pas endormie. Dès qu'elle connut la ligue elle entra en négociation avec les barons de Bretagne qui n'étaient pas parmi les confédérés et signa avec eux une alliance. On stipula que le roi pourrait faire entrer en Bretagne 4 ou 5,000 hommes de troupes, uniquement pour punir la rebellion du duc d'Orléans, et tout aussitôt, par quatre points différents, il en entra quatre fois autant.

Les ligueurs étaient fort embarrassés. Le comte de Dunois, le plus habile d'entre eux, comprit que le secours du sire d'Albret était plus que jamais indispensable. Sa compagnie de cent lances était entrée en Bretagne avec les autres Français. Il dépendait d'Alain de la faire passer dans le camp des princes. Il fallait donc le gagner à tout prix.

Depuis son traité avec le roi de France, Alain était resté en Gascogne. Vers la fête de Toussaint, lorsque la régente soupçonna la reprise d'armes des princes, elle le somma de venir trouver le roi. C'était une condition du traité de Nontron.

Alain se mit en route, mais sans empressement. Il fit étape à son château de Montignac en Périgord. Il était là depuis quelques jours, lorsqu'il reçut un envoyé des princes, un nommé Frozil, serviteur du comte de Comminges[1].

Dunois n'avait trouvé qu'un moyen de décider Alain à rentrer de nouveau dans la confédération, c'était de lui promettre catégoriquement la main de l'héritière de Bretagne. Frozil avait charge de lui déclarer que s'il venait au secours du duc, le mariage serait très-prochainement accompli. Le duc de Bretagne avait donné sa parole, et tous les confédérés, hormis le duc d'Orléans qui besognait pour lui-même, l'avaient garantie de *leurs scellés*. Ces actes avaient été déposés entre les mains de la comtesse de Laval.

Alain hésita. Il savait de sa propre science ce que valaient les promesses même appuyées par le serment. Sa réponse fut ajournée, et il envoya en Bretagne un de ses officiers pour mieux s'assurer de l'espoir qu'on lui présentait. Les princes étaient pressés. Ils insistèrent et adressèrent à Alain un nouvel envoyé qui devait lui inspirer toute confiance. C'était un sieur Geoffroy de St-Martin, homme dévoué à Alain, et qu'il avait lui-même envoyé jadis en Bretagne, comme procureur, pour veiller à ses affaires[2]. Dunois, Comminges et les autres lui mandaient de faire diligence pour venir en Bretagne. François II l'en priait très-affectueusement et lui faisait dire que dès qu'il serait arrivé, le mariage se conclurait. On n'oubliait pas de parler des cent lances de Cardaillac qu'il était urgent d'enlever à l'armée du roi.

Alain ne résista plus. Il se croyait déjà duc de Bretagne. Il touchait enfin à cette couronne qu'il convoitait depuis de si longues années. Au lieu de se rendre vers Charles VIII il se dirigea avec plusieurs milliers de soldats du côté des princes, mais en traversant le Limosin il trouva l'armée du roi qui l'empêcha encore de passer. Plein de dépit, il revint en Gascogne, se rendit de là en Navarre, puis en Castille pour augmenter son armée. Le roi Ferdinand s'intéressa à son projet

1. *Arch. des Basses-Pyrénées*, E. 87.
2. *Ibid.*, E. 87.

de mariage, lui promit son alliance et lui fournit même quelques troupes.

Depuis que le sire d'Albret s'était jeté dans cette aventure, il y mettait le meilleur de son bien. Comme ses revenus avaient été saisis par le roi, il en était réduit à engager ou à vendre les terres, et à emprunter en mettant en gage les joyaux de famille.

Pendant ce temps le roi qui s'était transporté lui-même à Château-Gontier, faisait des progrès en Bretagne. Ploermel et Vannes étaient emportées. Le siége était mis devant Nantes où se trouvaient le duc François, le duc d'Orléans et le prince d'Orange. La ville allait capituler, quand Dunois vint la secourir avec une poignée d'Allemands que Maximilien s'était décidé à envoyer. (Août 1487.)

François II, toujours changeant, se livrant au premier venu, fut si heureux d'être délivré qu'il s'empressa de promettre par écrit à Maximilien, la fille déjà promise à Alain.

Si celui-ci avait connu cette nouvelle tromperie, il n'eut pas fait tant d'efforts et exposé de si grands frais pour aller secourir le duc. Le passage par l'intérieur de la France ne lui ayant pas réussi, il prit la mer pour se rendre en Bretagne. Quatre mille hommes et mille chevaux de la Gascogne, du Béarn, de la Navarre et de la Castille, s'embarquèrent avec lui. Ils abordèrent en Bretagne dans les premiers mois de 1488. Alain s'occupa tout aussitôt d'amener la défection de son lieutenant Cardaillac et des cent lances qu'il conduisait pour le roi.

L'échec que les troupes royales avaient éprouvé devant Nantes avait rendu le courage aux princes, et ranimé leurs compétitions. Alain arriva au milieu de ces intrigues, venant réclamer hautement pour lui-même. Le prince d'Orange, tenait pour Maximilien et s'appuyait sur la dernière promesse du duc. Dunois sollicitait pour son cousin d'Orléans malgré son engagement signé envers Alain. Comme sa perfidie pouvait être trop facilement démontrée, pour en effacer la preuve, il en commit une nouvelle. Son *scellé* était déposé entre les mains de la comtesse de Laval. Il l'emprunta à la dame sous prétexte de faire rédiger en meilleure forme celui de François II, et s'empressa de le détruire. L'irritation d'Alain ne connut plus de mesure. On assure qu'il tenta de faire assassiner Louis d'Orléans. Ce qui n'est pas douteux, c'est que le duc l'en accusa. Quoiqu'il en soit, il somma impérieusement François II de remplir sa promesse et celui-ci n'osa refuser. Le mariage entre Alain et Anne de Bretagne fut conclu par *paroles de présent*, c'est-à-dire du consentement et en présence de la fiancée. Aucun historien ne parle de cette union, comme ayant été arrêtée par contrat. Il n'y aurait eu que des promesses comme vis-à-vis de Maximilien et des autres, mais le fait est attesté par Charles VIII lui-même, dans des lettres patentes qui sont aux archives des Basses-Pyrénées, et nul mieux que lui ne pouvait être renseigné [1]. D'ailleurs, la conduite d'Anne après la mort de son père ne s'expliquerait pas s'il n'y avait eu entre elle et le sire d'Albret un lien solennel.

Pendant ces brigues, le roi de France rassemblait de nouvelles troupes que La Trémouille fit entrer en Bretagne. Les villes d'Ancenis et de Châteaubriand furent prises et leurs murailles rasées, puis La Trémouille vint mettre le siège devant Fougères qui ne se défendit pas longtemps. Les princes étaient à Rennes, formant leur armée. Maximilien et le roi d'Angleterre avaient envoyé quelques secours. Le maréchal de Rieux conduisait 7 à 8,000 Bretons, Dunois et Louis d'Orléans commandaient quelques bandes françaises. Alain était avec ses Gascons. Cette armée cosmopolite était assez mal disciplinée, on ne pouvait guère compter ni sur la fidélité des Français, ni sur la valeur des Allemands; les Bretons n'étaient qu'un ramassis de paysans, qui marchaient contre leur gré, comme un troupeau. Le maréchal de Rieux n'était pas d'avis qu'on livrât bataille, il voulait qu'on fit une guerre d'escarmouche, qu'on temporisât jusqu'à l'hiver qui éloignerait l'armée royale. Son avis ne fut pas suivi. Les princes se mirent en campagne pour aller assiéger St-Aubin du Cormier. Les deux armées se trouvèrent en présence, l'une à St-Aubin, l'autre, celle du Roi, au village d'Andouillé. Du côté des princes, le maréchal de Rieux, commandait l'avant-garde, le sire d'Albret menait la bataille, le seigneur de Châteaubriant était à l'arrière-garde avec les Anglais. De l'autre part, le seigneur de Choisi, La Trémouille et Graville, commandaient chacun un corps d'armée.

1. *Arch. des Basses-Pyrénées*, E. 87. Voir les pièces justificatives.

La bataille fut livrée le 28 juillet. Dans la nuit, le camp des Bretons avait été troublé par une étrange aventure. Le quartier du duc d'Orléans et celui du sire d'Albret étaient éloignés l'un de l'autre. Tout-à-coup les soldats du duc sont éveillés par un grand bruit. Ils prennent les armes, et voient s'avancer dans l'obscurité les troupes d'Alain et du maréchal de Rieux. Ils croient à une surprise, crient à la trahison, on est près d'en venir aux mains. L'altercation dure jusqu'au jour, les partisans d'Alain rejettent l'accusation sur Louis d'Orléans et prétendent qu'il a l'intention de passer aux ennemis. Louis et le prince d'Orange, pour faire preuve de leur loyauté, sont obligés de s'engager à combattre à pied, comme de simples soldats.

Une telle armée ne pouvait être victorieuse. Malgré l'avantage de ses positions, elle fut promptement mise en déroute. Les gentilshommes du duc d'Orléans, humiliés par les soupçons, ne combattirent point « avec l'allégresse qu'il fallait. » Six mille hommes du côté des princes restèrent sur le champ de bataille, le duc d'Orléans et le prince d'Orange furent faits prisonniers au milieu des gens de pied. Alain fut plus heureux et parvint à s'échapper avec son lieutenant Cardaillac.

François II consterné de cette défaite demanda humblement la paix et ne l'obtint qu'à de dures conditions. Par la convention qu'on appela le traité du Verger, il laissait aux troupes royales, la disposition des villes de Fougères, Dinan, St-Aubin et St-Malo, et se soumettait à ne marier ses filles qu'avec le consentement du roi. Charles avait même exigé qu'on fit mention dans le traité de ses prétentions sur la duché, et malgré toutes ces concessions, son conseil s'opposait à la paix en démontrant que la France ne trouverait jamais de meilleure et plus légitime occasion d'annexer la Bretagne.

François II mourait quelques semaines après (sept. 1488) et en réalité le traité n'eut aucune suite.

Anne fut aussitôt reconnue duchesse. Le maréchal avait été nommé son tuteur par le testament du duc. La comtesse de Laval resta sa gouvernante. Alain, Dunois et Comminges se partageaient le gouvernement avec Guillaume de Montauban pour chancelier. Les Français continuaient leurs conquêtes, comme si le traité du Verger n'eut pas existé. Charles réclamait la tutelle des deux princesses et défendait à Anne de prendre le titre de duchesse avant que les commissaires nommés pour examiner leurs droits respectifs n'eussent statué.

Les ministres, effrayés par cette situation menaçante, cherchaient à conclure des alliances. Le sire d'Albret envoyait vers le roi d'Angleterre, lui annonçait son mariage et faisait ressortir l'avantage qu'il trouverait à être l'ami et l'allié du duc futur, en écartant le roi de France. Henri VII promit un secours de 6,000 hommes, à la condition que la duchesse ne se marierait qu'avec son assentiment. Ferdinand le Catholique laissa aussi espérer son assistance et Maximilien s'engagea à agiter les Flandres pour détourner les troupes françaises.

La question du mariage était toujours livrée aux intrigues. Le vicomte de Rohan qui s'était rallié à la France, persistait dans ses prétentions au sujet de ses fils, mais le maréchal de Rieux qui autrefois lui avait juré de le soutenir avait passé du côté d'Alain. Il paraît même que depuis la mort de François II, le maréchal, la comtesse de Laval et les barons de leur parti avaient prêté serment au sire d'Albret comme à leur légitime duc [1]. Dunois, Comminges et surtout le chancelier Montauban, agissaient auprès de la princesse dans un sens tout opposé.

Pendant ce temps, les armées poursuivaient leurs ravages. Les Gascons et Béarnais d'Alain faisaient des courses jusque dans l'Anjou et dans le Poitou. Alain resta en Bretagne, résolu à brusquer la réalisation de son mariage. Comme il était parent de sa fiancée des dispenses d'église étaient nécessaires et pour les obtenir du pape une procuration de la future. Celle-ci âgée de 11 ans, ne pouvait évidemment pas la donner avec discernement. C'était l'affaire du conseil qui était trop divisé pour s'accorder sur ce point. On rapporte que le vice-chancelier La Rivière fabriqua une fausse charte et l'expédia à Rome. En attendant l'arrivée des dispenses, Alain songeait à enlever la princesse et à consommer le mariage par la surprise ou la violence.

Devant ces manœuvres, Montauban détermina sa maîtresse à protester avec éclat contre la fausse procuration. La protestation fut faite et causa un grand émoi en Bretagne. Anne y déclarait « que les paroles et promesses verbales par elle faites de fiancer et épouser Alain d'Albret, avoient esté pour

1. *Archives des Basses-Pyrénées*, E. 87.

l'obéyssance, crainte et révérence qu'elle portait au feu duc François son père, et pour apaiser et éviter le courroux et autres paroles et propos que ledit seigneur duc dit et prononça à ladite duchesse, et éviter son indignation et malveillance, sans que ladite dame eut volonté de prendre pour mari ledit sieur d'Albret : lesquelles paroles et promesses, icelle dame, laquelle était encore sous l'âge de douze ans, révoque autant que de besoin. (Du 8 déc. 1488.)[1]

Le maréchal de Rieux irrité par ce scandale abandonna sa pupille. Dunois, en revanche vint se mettre à sa disposition et l'armée française, profitant de ce désordre forma à son tour le projet d'enlever l'orpheline. Toutes ces menées le déterminèrent à fuir et à chercher un asile dans la forte ville de Nantes. Rieux et Alain qui s'y trouvaient déjà lui en refusèrent l'entrée. On lui signifia que pour être reçue elle devait se séparer de Dunois et du chancelier et se présenter accompagnée seulement de dix de ses gardes. Ces conditions laissaient pressentir l'intention de ceux qui les dictaient. Jean de Louhan, qu'Anne avait été obligée de livrer comme otage, fit d'ailleurs, au péril de sa vie, dire au comte de Dunois, quel était le sort réservé à la princesse si elle se livrait aux mains de ses ennemis. « Et croy bien, dit un historien du temps, que s'ils eussent tenu les filles, ils eussent fait bon gré, mal gré, le mariage de mon dit sieur d'Albret, avec la fille aînée, mais ladite fille n'y voulut pour rien du monde entendre. »

Anne et sa sœur Isabelle restèrent ainsi quinze jours dans les faubourgs de Nantes, sans pouvoir faire régler les conditions de leur entrée. Les habitants de Rennes, touchés de sympathie pour leur jeune souveraine, vinrent la supplier de se réfugier dans leur ville. Elle les suivit, déclarant, dit-on, qu'elle se ferait nonne plutôt que d'épouser le méchant sire d'Albret.

Tous les dangers n'étaient pas du côté de Nantes. Les Anglais et les Espagnols étaient arrivés. Leurs princes étaient du parti d'Alain et tout en se servant de ces troupes contre les Français, Anne devait éviter avec soin de se trouver à leur portée. Heureusement, le Roi des Romains fit une diversion. Charles VIII

1. MORICE, *Histoire de Bretagne*, preuves.

occupé par les mouvements des Flandres consentit à traiter la paix en Bretagne. Maximilien fut choisi pour médiateur et il fut convenu que les troupes françaises quiteraient le duché et que le différent entre Charles et la duchesse serait soumis à un Congrès qui se réunirait à Tournay. On arriva ainsi à la fin de 1489.

Le Roi des Romains venait de délivrer la Bretagne. Il avait été poussé par de graves motifs qui furent plus tard connus. Les ministres bretons opposés au sire d'Albret, voyant les rois d'Angleterre et de Castille gagnés à sa cause, avaient cherché un moyen de paralyser l'effet de ces puissantes protections. Ils entraient d'ailleurs dans les sentiments de la princesse. Elle touchait à sa quatorzième année, et le discernement pour le choix d'un époux se développait dans son esprit. L'attitude qu'avait prise le sire d'Albret et les dernières humiliations qu'il lui avait fait subir avaient créé entre eux un obstacle insurmontable. Les conseillers d'Anne lui persuadèrent d'épouser Maximilien, qui jadis avait aussi obtenu la promesse de sa main. Il faut bien avouer que, sous tous les rapports, le sire d'Albret faisait pauvre figure en parallèle avec le roi des Romains. L'âge de celui-ci (il était né en 1459) était plus conforme à l'âge de la jeune duchesse. Il possédait la beauté la plus prisée à cette époque, une taille gigantesque et de grandes allures martiales. Il était en outre l'héritier de l'empire et le prince le plus lettré de son temps. Anne était, paraît-il, d'une intelligence précoce. Son éducation avait été très soignée, et tous les historiens s'accordent à lui donner un esprit supérieur. Certains prétendent même qu'elle rédigeait déjà, avec un rare talent, des mémoires sur les événements dont elle était le témoin et la victime. Maximilien pouvait bien lui plaire. M. Michelet prétend que ce fut l'amour de sa vie. Pour ma part, de même que je n'admets pas qu'elle eut dès l'âge de 7 à 8 ans, une passion pour le duc d'Orléans, je répugne à croire qu'à treize ans elle fut entraînée par un sentiment de ce genre vers le roi des Romains. Ce qui paraît plus plausible, c'est qu'elle était dirigée par ses ministres et par la nécessité de placer son héritage en des mains capables de le défendre.

Quoiqu'il en soit, elle épousa Maximilien dans le cours de l'année 1489. Celui-ci au lieu d'accourir en personne, pour rendre le mariage indissoluble, envoya un procureur qui contracta pour son maître et mit sa jambe nue dans la couche de la jeune duchesse. Bâcon raille avec raison Maximilien de sa tiédeur, mais ce ridicule cérémonial était dans les habitudes allemandes. Quand ce même Maximilien avait épousé Marie de Bourgogne, le duc de Bavière, son mandataire, était entré dans le lit nuptial, tout bardé de fer, après avoir placé une épée nue entre lui et la princesse.

Ce mariage devait être tenu secret et le fut, en effet, pendant quelque mois, mais Anne ne put peut-être pas résister longtemps à la vanité de s'intituler reine des Romains et de Hongrie.

Lorsque Charles VIII, connut cette union, il comprit le danger qu'elle créait pour son royaume. L'Empire par les Pays Bas et la Bourgogne était déjà trop près de la France. Avec la Bretagne, il l'étoufferait entre ses bras. Dès ce moment peut-être, l'idée d'épouser Anne de Bretagne traversa l'esprit du jeune roi.

Quant à Alain, son irritation fut au comble. Il comprit, enfin, que depuis de longues années, il ne poursuivait qu'une déception. Le père s'était joué de lui, la fille le repoussait avec dédain. Il ne songea plns qu'à se venger, et se mit en rapport avec le roi de France. Mais, dans cette résolution même, il se rattachait encore au but qui lui avait coûté tant de sacrifices, et ne désespérait pas d'obtenir, par la trahison, ce qu'il n'avait pu gagner par ses services.

Anne qui le refusait comme époux était désolée de l'avoir pour ennemi. Elle cherchait à le calmer par quelques faveurs. Le 14 déc. 1490, elle lui faisait don d'une somme de 100,000 écus d'une part et de 125,000 livres de l'autre pour le dédommager des grandes dépenses qu'il avait faites pour défendre le duché. Cette somme était payable à raison de 20,000 livres par an, et elle donnait pour garantie les terres de son évêché de Cornouailles. Elle y ajoutait 12,000 livres de pension viagère [1]. (14 décembre 1490.) C'était racheter royalement sa main. Sa sœur Isabelle était morte et elle était devenue unique héritière de tous les biens de François II.

Mais Alain était déjà en pourparlers avec Charles VIII et lui

1. *Arch. des Basses-Pyrénées*. E. 87.

proposait de lui livrer la ville de Nantes, à certaines conditions. Le mari d'Anne de Beaujeu, devenu duc de Bourbon, fut chargé de la négociation. Les articles proposés par Alain furent acceptés, et le roi signa le traité à Moulins, le 2 janvier 1491 (v. s.). L'original de cette convention avec la signature et le sceau de Charles VIII est aux archives des Basses-Pyrénées. [1]

Nous connaissons déja la politique du temps, dont Louis XI avait été le maître, cette pièce, en offre une peinture bien remarquable. Il serait intéressant de la reproduire en entier. Pour abréger, en voici les principales clauses :

« Monsr Delbret desire de tout son cueur recouvrer la bonne grâce et le service du Roy et supplie qu'il plaise au dit sieur pardonner et abolir à lui et à Remon de Cardaillac et à tous ses autres serviteurs quelconques tous cas, crimes, délitz et offences quelxconques quilz et chacun deulx en général et en particulier pourroient avoir faiz et commis envers le dit S[r] et justice et les remettre en tous leurs biens et possessions d'iceulx quilz jouissoient avant ces divisions.

« Item que le plaisir du Roy soit tenir la main au mariage de Madame Anne de Bretagne pour le d. Sr Delbret ou pour son filz et les y favoriser et porter par tous bons moyens à ce que le d. mariage puisse se faire.

« Que le roi fera déclarer dedans le temps qui sera advisé le droit qu'il a en la duchié de Bretaigne, et s'il est dit qu'elle lui doyt appartenir, le d. S[r] baillera mariage raisonnable à Madame Anne de Bretagne. Et pour ce que les enfants dud. Sr Delbret prétendent et dient avoir en la d. duchié à cause de leur feue mère à tout le moins la tierce partie, le roy leur confessera icelle tierce partie leur appartenir et en sera sur ce faist un traictié et appoinctement entre le roy et le d. Sr Delbret au nom de ses enfants par manière de transaction en la meilleure forme que faire se pourra.

« S'il était trouvé et dit que la d. duchié deust appartenir à la d. dame Anne, elle et le Sr Delbret ou son d. fils pour les fraiz et mises que le Roy a faiz a conquérir la d. duchié, lui bailleront la ville et comté de Nantes pour en joir perpétuellement. Et du surplus lui en feront tel devoir qu'il sera advisé.

1. E. 67.

« Le Sr Delbret pour ses enfants eschangera avec le roy la dite tierce partie du d. duchié, moyennant la récompense de 25,000 livres tournois de rente, que le d. S[r] sera tenu de bailler à ses dits enfants en titre de conté aud. pays de Bretagne, et dès à présent le d. Sr Delbret pour ses d. enfanz cède et transporte cette tierce partie au roi qui promet bailler ladite récompense.

« Et sera tenu le roi délivrer les d. 25,000 l. de rente dedans un an prochain après que led. Sr Delbret aura mis et baillé la ville de Nantes es mains de M. de Bourbon pour le Roy....

« Si à cause des guerres et divisions et pour le service qu'il fera au roy, la seigneurie d'Avesnes était saisie par le Roy des Romains ou le duc Philippe son fils, le roy sera tenu de donner au sire Delbret 6,000 l. de rente en Guienne, en ce compris Mauléon de Solle pour ce qu'il vauldra.

« Le roy lui donnera en outre 110,000 écus complant, 18,000 livres de pension, la charge de cent lances fournies de l'ordonnance et la capitainerie de Bayonne et ce que y tient le Sr de Grantmont.

« Il plaira au roi donner 18,000 l. t. de pension au roi de Navarre, et 6,000 l. à M. d'Avesnes, tous deux fils du S[r] d'Albret.

« S'il advenoit que en faisant le service au roi de lui bailler la ville de Nantes.... il advensist quelque inconvénient de mort en la personne du sire d'Albret, en ce cas qu'il plaise au roy accomplir à ses enfants les choses susdites.

« S'il advenoit par quelque inconvénient ou empêchement que Dieu ne veuille qu'il y eut faute de bailler la ville de Nantes et qu'il appareust que ledit Sr Delbret en eust faict son devoir et que la faulte n'en feust point venue par lui ni par ses gens, que néantmoins ce, il plaise au d. S[r] le recevoir en son service et en sa bonne grâce et ses serviteurs et lui donner la pension et les cent lances qu'il avait avant les divisions et cent mille livres tournois pour une fois. »

Suivent d'autres conditions relatives aux amis du sire d'Albret [1].

1. Il n'est pas sans intérêt de connaître toutes les exigences du sire d'Albret. Il plaira au roi bailler :

A M. de Lautrec la possession de Fronsac ainsi que l'avait M. de Com-

Les propositions se terminent ainsi :

« Et moyennant ce que dit est dessus le d. Sr Delbret pour le désir qu'il a de faire service au roi, considéré qu'il a été trompé et deceu par ceulx qui l'exhortoient à aller en Bretagne, pour le mariage de Madame Anne dont ne lui ont été tenues les promesses qui sur ce avoient esté faictes, et aussi pour cause de la tierce partie que ses enfans ont en la d. duchié de Bretagne, le d. Sr Delbret a promis et promet bailler au roi la ville de Nantes et la mettre es mains de M. de Bourbon pour le d. Sr dedans la fin du mois de février prochain, lequel M. de Bourbon promettra et jurera et en baillera son scellé aud. Sr Delbret de non mettre la d. ville es mains du Roy jusqu'à ce qu'il ait entièrement accompli et fait le contenu en ces présents articles. »

Suit l'approbation du roi :

« Nous Charles, par la grâce de Dieu, Roy de France, confessons que cejourduy en présence de notre très-amé frère et cousin le duc de Bourbon, etc., nous avons octroyé et accordé octroyons et accordons au Sr Delbret et à ses enfans, gens et serviteurs tous les poins et choses contenus en vingt-neuf articles cy-devant escripz et avons promis et juré promet-

minges avant les divisions, porter sa pension à 4000 l. t. et lui faire droit touchant la comté de Comminges.

Au sr de Cardaillac sr de St-Cir 6000 l. t. comptant, 1200 l. de pension avec une charge de 50 lances et la séneschaussée des Lannes.

Au capitaine Odet d'Aydie abolition complète.

Au Sr de St-Morice, 6000 l. comptant avec la garde du scel de Bordeaux et telle pension qu'il plaira au Roi

Au Sr de Lissac 6000 l. t. pour une fois avec un office et telle pension qu'il plaira au Roi.

Au Juge d'Albret, Me François Faure, le premier office de conseiller que vaquera es Parlements de Paris, Bordeaux et Toulouse.

Il plaira au roi prendre et appointer en son service six des autres serviteurs de M. Delbret.

Le roi tiendra la main en justice à ce que mon dit sr Delbret soit payé de huit vingt mille réaulx ou environ qui lui sont dus en la maison d'Armagnac et le relèvera de la prescription et laps de temps sur ce encourus.

Si le maréchal de Rieux et Madame de Laval veulent servir le roi, que son plaisir soit les recevoir en sa bonne grâce et leur donner les pensions qu'ilz avaient par avant les divisions et les appointer en manière qu'ilz aient cause d'être contents.

tons et jurons, en bonne foy sur nostre honneur, faire, accomplir, tenir, garder et observer entièrement de notre part tous les points, articles et choses, cy-devant escriptes sous les conditions y déclerées, et promettons en bailler lettres patentes en la meilleure forme toutes foiz que requis en serons et les accordons et les octroyons dès à présent.

« En tesmoing de ce nous avons signé ces présentes de nostre main et à icelles fait mettre nostre scel de secret. Donné à Molins le deuxiesme jour de janvier l'an mil CCCC quatre vingt et dix.

Signé CHARLES, et plus bas PRIMAUDAYE. »

Une de ces clauses mérite une mention particulière. Alain réclamait la main de la duchesse soit pour lui soit pour son fils Jean d'Albret et Charles s'obligeait à seconder ce projet. Or on sait que Jean était marié depuis 1484 avec Catherine de Navarre. Ce n'était pas une difficulté. Le duché de Bretagne valait mieux que le petit royaume de Navarre toujours disputé entre la France et l'Espagne. Si la main de la duchesse eut été obtenue, Alain n'eut pas hésité à faire annuler le mariage de son fils qui n'avait encore que la force d'un contrat solennel.

Cependant le sire d'Albret tint sa promesse au roi de France. Il surprit la ville de Nantes, et s'il respecta la fortune des bourgeois, il paraît qu'il pilla les trésors des ducs et fit un riche butin. (Février 1491). Charles, de son côté, s'empressa de remplir les menues conditions du traité. Pour les autres on sait comment il les observa. Dès qu'il fut entré à Nantes, il donna à Alain une compagnie de cent lances fournies aux gages de 20 sous tournois par lance et par mois pour droit de capitaine (2 mars)[1]. Un peu plus tard, il octroya main levée des saisies qui avaient été faites sur tous les domaines du sire d'Albret et enfin s'obligea à lui payer une pension annuelle de 18,000 livres (31 mars)[2].

La reddition de Nantes entraîna presque tout le reste de la Bretagne. Ce pays était devenu si misérable qu'on y frappait des monnaies de cuir. Le roi y était comme maître,

1. *Archives des Basses-Pyrénées*, E. 87.
2. *Ibid.*, E. 87.

les convocations des États s'expédiaient en son nom. La duchesse assiégée dans Rennes se vit obligée de capituler.

. Charles dicta les lois du traité. Il fut stipulé que des arbitres prononceraient sur les droits des parties à l'héritage de Bretagne et que jusque-là, Anne s'abstiendrait de prendre le titre de duchesse. La décision semblait si certaine qu'on lui accordait une pension de 40,000 écus, avec la liberté de se rendre en Allemagne près de son nouvel époux.

Cependant la question de Bretagne allait être tranchée par un coup de politique imprévu et qui devait étonner l'Europe. Charles VIII, avait été marié dès l'enfance à Marguerite d'Autriche, fille de Maximilien et de Marie de Bourgogne. Elle avait apporté en dot la Bourgogne, l'Artois et le Charolais et était élevée à la cour de France en attendant sa nubilité. Anne de son côté était aussi mariée. Qui pouvait songer au dénouement qui se préparait !

Les conseillers de la duchesse comprirent enfin qu'il ne restait plus que ce moyen de sauver leur pays. Ils tombèrent tous d'accord et le duc d'Orléans, qui venait d'être délivré de sa prison et Dunois lui-même s'entremirent pour terminer secrètement cette grande affaire. Anne, seule répugnait un peu à ce projet. Elle avait maintenant près de 15 ans, qnoiqu'un peu boiteuse, elle était d'une figure agréable, très instruite et de haut vouloir. Charles était débile et chétif avec une tête énorme sur des jambes grêles, « fait d'une mauvaise pâte et d'une matière catarrheuse. » Son visage était toujours penché vers la terre, sa contenance était gauche et disgracieuse. Il savait à peine lire quand il monta sur le trône. En outre, il était le persécuteur de la famille de l'orpheline, le spoliateur de son héritage. Elle fit des difficultés pendant quelque temps. Evidemment ce n'était pas là l'époux de son cœur. Les historiens qui croient qu'elle aimait le duc d'Orléans disent que celui-ci usa de son empire sur elle pour la décider. Voilà des amants qui ne ressemblaient guère à ceux d'aujourd'hui, à ceux de tous les temps.

Toutefois, elle consentit, à mon avis, devant la nécessité. Elle tenait peut-être à Maximilen, mais elle lui préférait son duché. Le 6 décembre 1491, au château de Langeais en Touraine, Charles VIII épousa Anne de Bretagne.

Ainsi furent tenues les promesses faites à Alain d'Albret.

Si la raison d'état peut excuser la déloyauté, il ne faut pas blâmer le jeune roi. Son père, Louis XI, le grand politique, ne négocia jamais plus habilement, plus heureusement. Depuis des siècles, la Bretagne troublait la paix du royaume. C'était la porte des Anglais : elle fut fermée pour toujours.

Alain courba la tête sous ce dernier affront. Les plaintes du sire d'Albret eussent été ridicules à côté de celles du Roi des Romains, qui du même coup voyait sa fille répudiée et sa femme aux bras d'un autre.

Le sire d'Albret comptait au moins recevoir comme compensation les 25,000 livres de rente qui lui avaient été promises au traité de Moulins. Le conseil du roi réduisit mesquinement sa pension à 6000 livres qui lui furent assignées sur le comté de Gauro et la petite ville de Fleurance (1494). Ceci lui fut même disputé. Les manants et habitants des terres cédées protesterent contre cette transmission, en prétendant qu'ils ne devaient pas sortir des mains du roi. Il y eut procès et les habitants et le procureur général de la chambre des comptes soutinrent que la donation était nulle, et que le roi ne devait rien aux d'Albret parce qu'ils n'avaient aucun droit sur la Bretagne.

Le reste de la vie d'Alain ne mérite guère d'être conté. Il paraît n'avoir pas tenu rigueur à la reine de France des dédains de la duchesse de Bretagne, car nous le voyons plus tard, lors du procès du maréchal de Gié, servir la haine de cette princesse en lui envoyant des déclarations contre son ennemi.

Alain mourut en 1522, ne cessant de porter le titre honorifique de comte de Penthièvre. Son testament passé à Castel-Jaloux le 1er octobre de cette année ne présente rien de remarquable si ce n'est la longue énumération de ses bâtards.

Malgré toutes ces déceptions, l'avenir était à la maison d'Albret. Cette petite terre des Landes avait déjà absorbé le Béarn et la Navarre, et ce siècle n'était pas écoulé que l'arrière petit-fils d'Alain d'Albret se vantait, dans sa verve gasconne, « d'avoir réuni la France au Béarn. »

Pau, mars 1873.

PIÈCES JUSTIFICATIVES.

Parmi les nombreux documents originaux que cette étude nous a amené à compulser, les deux suivants, à raison de leur importance historique, nous ont paru mériter d'être reproduits au moins par extrait. Ils sont entièrement inédits.

Lettres du dauphin, fils de Charles VI, au Comte de Penthièvre, sur la capture du duc de Bretagne.

Charles fils du roy de France, régent le royaume, daulphin de Viennois, duc de Berry et de Touraine et comte de Poitou, à nos très chiers et amés cousins le conte de Penthievre, Jehan seigneur de Laigle et Charles seigneur d'Avaugour, frères, salut et dilection. Comme pour résister et pourveoir de vostre part et en nostre absence à la dampnable entreprise des anciens ennemis de ce royaume les Anglois que puis aucun temps y sont descendus où ils ont fait moult de dommages et usurpé plusieurs des terres et seigneuries de mon seigneur, espécialement au pais de Normandie....... Nous confians à plain de la grant loyauté puissance bonne affection et voluntié de vous nostre dit cousin de Penthievre vous eussions naguères fait commis ordonné et establi lieutenant et cappitaine général de mon dit seigneur et de nous es pais d'Anjou, du Maine et autre part en la marche de de Bretaigne et donné plain pouvoir de faire tout ce que cognoistriez estre au bien et prouffit de mon dit seigneur, en usant de laquelle commission soit venu à vostre cognoissance que beau frère de Bretaigne tant en sa personne que autrement..... favorise les d. anciens ennemis tant en ce que sans le congié de mon dit seigneur, il a pris avec iceulz ennemis abstinence de guerre pour luy ses terres et subgects et ne leur a donné ni souffert estre donné par les siens aucun empeschement résistence ou destourbier, jasoit ce que à son veu et seu iceulz ennemis ayent conquis sur mon dit seigneur et autres, ses parents et vassaulx, plusieurs terres et seigneuries, mesmement celles de nostre très chier et très amé cousin le duc d'Alançon, propre nepveu d'icelluy nostre frère...... comme par ce qui pis est que par criz et déffenses publicques il avoit fait crier et déffendre en ses dits pays, ce que faire ne lui lesoit, que aucun de ses vassaulx et subgez, ne allassent ou veinssent au mandement et service de mon dit dit seigneur et de nous, à l'encontre de nos ditz ennemis...... Et par plusieurs foiz sans le gré consentement ou voulenté de nostre dit seigneur et de nous, a esté nostre dit frère en sa personne par devers les ditz ennemis et mesme par devers nostre adversaire d'Angleterre à Rouen et ailleurs où il a fait avecques lui plusieurs secrettes alliances et confédérations à l'encontre de la souverainetó et seigneurie de mon dit seigneur..... et en bien démonstrant la faveur et affection désordonnée avec les dampnables promesses et convenances qu'il avait à iceulz ennemis, leur a fait administrer en ses ditz pais toutes nécessités, comme harnois, chevaulz, artilleries, blés, vins et autres vivres et en ce et autrement leur a donné toute faveur.... Et pour ce, pour la très grant et amére despleseté de cuer que avoyes et devoyes avoir de toutes ces choses recordans aussi et ayant bien en mémoire coment nostre dit frère persévérant en sa malvaise voulenté avoit par ces embasseurs et austrement, empeschié et destourbié l'armée d'Espaigne qui, la saison passée, estoit délibérée pour venir au service de mon dit seigneur et de nous;..... vous voyans et considérans que austrement que par voye de fait ne povoit estre pourveu ou rémédié aus inconveniens inénarables que par la dampnable entrepriuse de nostre dit frère estoyent vraissemblablement taillez de ensuir a la grant fole et par adventure total destruccion de ceste dite seigneurie envers laquelle vous et les vostres sans variacion aucune vous estes toujours tant lealment et grandement gouvernés et aquietez. Considerans aussi la grande proximité de lignage dont vous atenez à mon dit seigneur et à nous et mesmement à nostre très chière et très amée compagne la daulphine par quoy et autrement estoyez tenuz et non sans cause bien affectez de pourveoir et résister aus dits inconvéniens et ayez puis naguaires en la compaignie de nostre dit cousin d'Avaugour vostre frère prins et arresté icelluy nostre frère et semblablement nostre cousin Richart, son frère, pour ce que bien savoyez que autrefois sestoit mis en armes et sur les champs pour vous combattre, pourtant que par nostre ordonnance vous estoyez mis sus pour nous venir servir à l'encontre des d. anciens ennemis en faisant laquelle prinse et arrest avez bien démonstré la grant léautié et bon vouloir que avez envers mon dit seigneur et nous et la couronne de France. Et il sera ainsi que nous, au plesir de nostre seigneur, ayons ferme propos et soyons du tout délibérés de pourveoir sur les chouses devant dites par manière que ce soit au bien, honnour et prouffit de mon dit seigneur, de nous et vous aussi, et de tout ce royaume, savoir vous faisons que nous, pour les causes et raisons devant dites, noz frère et cousin de Bretaigne et chescun d'eulz avons fait et constitué faisons et constituons par ces présentes noz prisoniers et les avons pris et prenons en nostre main et vous mandons et commandons en commeitant si mestier est et à chescun de vous sur toute la loyautié obéissance et fidélité que deves à mon dit seigneur et à nous, que les personnes de noz ditz frère et cousin ainsi par vous prinses et détenues vous en vos personnes si mestier est et autrement comme vous verrez le besoign, garder et faire garder de jour et de nuyt a très grant soin et cure et en telle diligence avec toute seurté et puissance qu'ils ne puissent estre délivrés en quelque manière, afin que à nostre venue et retour vers les parties de par delà, qui sera brief au plaisir de Dieu nous en puissiez rendre compte; et que par eulz puissions estre advertiz des entreprises de nostre dit adversaire et des dits rebelles et désobéissans à mon dit seigneur et a nous......... Nous, par ces mesmes présentes, mandons et commandons a tous lieutenans, mareschaulx, maistre des arbalestriers, amiral, cappitaine, séneschaulx....... et à tous autres justiciers, vassaulx et subgez de nostre dit seigneur et nostres, prions et requérons tous autres que en ce vous aydent et secourent par toutes voyes et manières à eux possibles sans rien y espargner car en ce les soutiendrons porterons et advouherons en tous endroiz. Mandons aussi à tous cappitaines, gardes de bonnes villes, citiez, chateaux, forteresses, pons, pors, passages et destretz de ce dit royaume que à vous et a tous ceulx de votre compaignie, fiance et adveu donnent en ce cas passage, retour, recept, reffuge, vivres et toutes autres choses nécessaires de jour et de nuyt et ainsi que à nostre propre personne toutes et quantes foiz que requis en seront. Donné en la cité de Carcassonne, sous nostre scel, le XVIe jour de Mars l'an de grâce mil quatre cens et dix-neuf. Par Monsieur le régent daulphin en son grand conseil, VILLEBRESME.

(*Archives des Basses-Pyrénées*, E. 640).

Lettres de grâce et restitution, de Charles VIII roi de France, en faveur du sire d'Albret et de ses amis.

Charles, par la grâce de Dieu, roi de France etc. Comme se soient menés plusieurs différens entre aucuns princes et seigneurs de nostre sang a l'occasion de quoi ont fait grandes assemblées de gens de guerre, se soient fortifiés, etc., entre autres nostre cousin le sire Alain d'Albret se fut retiré à Moulins, devers feu notre oncle le duc de Bourbon, connétable, où il fit venir et marcher les 400 hommes d'armes dont il avoit de par nous charge et autres, et les fit conduire par Raymond de Cardaillac dit de St-Cir, son lieutenant, pour joindre avec notre frère le duc d'Orléans, le comte de Dunois et autres, lors étant assemblés en armes en la ville de Beaugency où il nous convint aller en personne pour rompre leur entreprise et les fimes départir; lequel d'Albret prit aussi certaine alliance avec notre beau-père le roi des Romains et lui bailla son scellé sous couleur de vouloir faire assembler les Etats pour le bien de notre royaume.....

Et depuis, le dit d'Albret s'en vint devers nous et de nostre congié et vouloir s'en alla et retira en ses terres et seigneuries de Gascogne et au royaume de Navarre.

Et l'année après ensuivant repartit de Navarre avec grand nombre de gens de pied et de cheval, tant Espagnols que Navarrais, et marcha par ses terres et seigneuries de Gascogne, jusqu'en sa ville et place de Casteljaloux, là se fortifia et séjourna par aucuns jours, nous estans lors en notre cité de Bourdeaux, et lui fimes commandement de venir par devers nous et départir son armée. Lors, il partit de Casteljaloux, passa avec son armée les rivières de Garonne, Dordogne et autres et marcha jusqu'au pays de Périgord en une sienne ville nommée Nontron, avec intention d'aller plus avant et se joindre au duc François de Bretagne, pour certaines alliances que notre dit frère d'Orléans et lui avaient au dit duc. Mais obstant certaine armée que envoyasmes il fut empesché et assiégé dans Nontron et nos lieutenans firent avec lui certain traictié, et il jura de nous servir loyaumènt d'ores en avant, et de venir devers nous toutes et quantes fois l'en requerrions, et despuis ratifiasmes ce traictié.

Et au moyen du dit traictié, le dit d'Albret s'en retourna en ses terres de Gascogne et y fit sa demeure jusques environ la fête de Toussaint, lors ensuyvant, qu'il en partit pour venir vers nous ainsi que lui avions mandé.

Et estant à Montignac, survint devant lui l'un des gens du feu comte de Comminges nommé Frozil, ayant charge des Srs d'Orléans, de Dunois et de Comminges lesquels auparavant s'estoient retirés en Bretaigne devers le dit feu duc François..... lesquels firent savoir au dit d'Albret que s'il voulait aller en Bretaigne au secours du dit duc, ils ne faisaient point de doute que le mariage d'Anne, fille ainée du dit duc et lui ne s'accomplit, pour lequel mariage traicter et conduire les susdits avaient donné les uns aux autres leurs scellés.

Et le dit d'Albret pour mieux s'assurer envoya en Bretaigne un de ses gens devers les susdits lesquels lui envoyèrent bientôt après un nommé Geoffroy de St-Martin, jadis procureur d'icelui d'Albret en Bretaigne, par lequel le duc d'Orléans et autres lui firent dire comme dessus, qu'il eut à faire diligence pour s'en venir, que le duc de Bretaigne l'en priait très affectueusement et se faisait fort qu'il épouserait Anne tost après qu'il seroit arrivé et qu'il trouvast moyen que Raymond de Cardaillac et ses 400 lances quittassent le parti du roi pour venir en Bretaigne; lequel d'Albret, considérant le grand bien qu'il retirerait du dit mariage, se dirigea vers Bretaigne au mois de Janvier ensuyvant. Mais fut empesché par aucuns de nos gens qui en furent avertis et s'en retourna en ses terres de Gascogne où il fut environ un mois.

Et d'icelles s'en alla vers le roi de Navarre, puis vers le roi de Castille avec lequel pour la pacification du royaume de Navarre et estre favorisé au dit mariage fit certain traictié d'alliance, lequel roi de Castille envoya avec le dit d'Albret certains gens de guerre au secours du feu duc François.

Et le dit d'Albret passa par mer 3000 hommes de guerre ou environ et arriva en Bretaigne en espérance du dit mariage pour les seuretés et promesses qui lui en avaient été faites.... et fit tant que les 400 lances ou la pluspart abandonnèrent nostre service pour celui du feu duc François et despuis s'est toujours employé avec ledit St-Cir et autres..... Et despuis se trouvaient a faire marcher l'armée du dit duc à St-Aubin....... où nous fumes vainqueurs.

Et oultre ont lui et ses gens fait plusieurs courses, prisonniers, butins, etc., es marches de Poitou et ailleurs.....

Et néantmoing toujours en intention du dit mariage, lequel fut fait et consenti et contracté du vivant et consentement du feu duc François par paroles de présent avec la dite Anne comme il dit être notoire au pays....

Et avec le dit St-Cir, Odet d'Aydie et autres, a opiné et praticqué à faire venir grand nombre d'estrangiers, et a envoyé un de ses gens vers le roi d'Angleterre et lui a escrit lettres faisant mention du dit mariage afin que au parachèvement d'icelui le dit roi voulust lui aider.... et a fait en Bretagne sa résidence et demeuré l'espace de trois ans; lesquelles choses faictes au mespris du traictié de Nontron et pour le dit mariage qu'il espérait chaque jour et aussi pour le droit qu'il prétendoit en la duchié de Bretaigne a cause de ses enfans.

Considérant aussi que le Sr de Rieux maréchal de Bretaigne et autres après le trépas du feu duc François l'auroient reçu et lui auroient fait serment comme à leur seigneur et duc à l'occasion de quoi et de la dite résistance faicte par lui plusieurs grands scandales, maux, crimes de leze majesté, etc., se soient ensyuvis.

Lequel d'Albret se voyant empesché en l'accomplissement du

dit mariage, fraudé de son intention... à cause que despuis certain temps en ça notre beau-père le roi des Romains dit avoir épousé par procureur icelle Anne laquelle sous cette couleur est nommée despuis Royne des Romains et de Hongrie.

Considérant le grand préjudice que serait à notre royaume que la ville de Nantes tombât au pouvoir du roy des Romains a quoi il s'efforçoit de parvenir. Espérant encore nostre dit cousin d'Albret et désirant parvenir au dit mariage moyennant nostre bon aide et faveur, et pour ce que ses enfants prétendent avoir droit en la duchié, et pour autre cause, puis aucun temps en ça ait fait certain traictié avec nous touchant la reddition en notre obéissance de la cité de Nantes, par lequel lui promettons pardon, etc. Et comme il a de son côté accompli les conditions, en nous délivrant la dite cité de Nantes, nous a requis lui octroyer nos lettres patentes de restitution et abolition.

Pour ce, considéré le grand péril et danger de mort, que les dits d'Albret, St-Cir et autres, ses serviteurs, se sont mis et exposés vertueusement en faisant la prise et reddition de Nantes, le grand service contre nos anciens ennemys les Anglois, qui chaque jour s'efforcent nous faire grevance et dommaige, lequel service pourra nous donner moyen de parachever la réduction totale du dit pays de Bretaigne; voulant observer le dit traictié etc., avons remis quitté et pardonné aux dits sieurs d'Albret, Odet d'Aydie, de St-Cir, Reynaud de St-Chamaus dit de Lissac, etc., et les réintégrons en leur bonne famie et renommée, en tous et chescuns leurs biens, etc. Donnons en mandement etc. Donné à Nantes, au mois de mars 1490, après Pâques. *Signé*, CHARLES.

(*Archives des Basses-Pyrénées*, E., 87).

www.ingramcontent.com/pod-product-compliance
Lightning Source LLC
LaVergne TN
LVHW020246230826
846091LV00006B/2268

* 9 7 8 2 0 1 9 2 1 7 5 2 5 *